Sophia Ruschke

Wissenschaftlicher Kommentar zum Thema Unterrichts-klima

GRIN Verlag

Bibliografische Information der Deutschen Nationalbibliothek:

Die Deutsche Bibliothek verzeichnet diese Publikation in der Deutschen National-
bibliografie; detaillierte bibliografische Daten sind im Internet über http://dnb.d-
nb.de/ abrufbar.

Impressum:

Copyright © 2012 GRIN Verlag, Open Publishing GmbH
Druck und Bindung: Books on Demand GmbH, Norderstedt Germany
ISBN: 978-3-656-20033-8

Dieses Buch bei GRIN:

http://www.grin.com/de/e-book/194023/wissenschaftlicher-kommentar-zum-thema-
unterrichtsklima

GRIN - Your knowledge has value

Der GRIN Verlag publiziert seit 1998 wissenschaftliche Arbeiten von Studenten, Hochschullehrern und anderen Akademikern als eBook und gedrucktes Buch. Die Verlagswebsite www.grin.com ist die ideale Plattform zur Veröffentlichung von Hausarbeiten, Abschlussarbeiten, wissenschaftlichen Aufsätzen, Dissertationen und Fachbüchern.

Besuchen Sie uns im Internet:

http://www.grin.com/

http://www.facebook.com/grincom

http://www.twitter.com/grin_com

Gliederung

1. Einleitung

Als Lehramtsanwärter/in hat man viele Vorstellungen von Unterricht, wie er ablaufen sollte und auch wie er nicht ablaufen sollte. Die perfekte Stunde zu gestalten, merkt man bald, ist nicht so leicht. Auch ich habe in meinen ersten Unterrichtsversuchen in den letzten Wochen gemerkt: Es kommt nicht immer nur auf meine Vorbereitung an, sondern es braucht viel mehr.

Es stellte sich als äußerst schwierig dar, die Stimmung in der Klasse allgemein wahrzunehmen und meine Wirkung auf die Schüler zu greifen. Fühlen sie sich von mir gerecht behandelt und nehme ich Rücksicht auf jeden?

Diese Fragen nach dem Unterrichtsklima sind abhängig von persönlichen Einschätzungen des Lehrers und der Schüler. Hierbei kann man keine in Büchern festgeschriebenen Werte und Normen finden, sondern die kollektive Wahrnehmung des Unterrichts ist von Bedeutung. Dieses Unterrichtsklima soll möglichst lernfördernd gestaltet werden, sodass allen der Unterricht Spaß macht und die Erarbeitung oder Verarbeitung von Wissen möglichst leicht fällt. Um zu diesem Ziel zu gelangen, sollen nun Definitionen und wichtige Merkmale lernförderlichen Klimas aufgezeigt und erläutert werden.

2. Definition

Mit dem Begriff Klima wird die humane Qualität der Beziehungen zwischen Lehrer und Schüler bzw. zwischen Schüler und Schüler beschrieben. Dabei soll die Frage beantwortet werden, welches Unterrichtsklima am besten beim Lernen hilft.

Lernförderliches Klima ist folglich „[…] eine Unterrichtsatmosphäre, die gekennzeichnet ist durch

(1) gegenseitigen Respekt

(2)verlässlich eingehaltene Regeln,

(3) gemeinsam geteilte Verantwortung,

(4) Gerechtigkeit des Lehrers gegenüber jedem Einzelnen und dem Lernverband insgesamt

(5) und Fürsorge des Lehrers für die Schüler und der Schüler untereinander."[1]

(6) Selbstachtung

(7) Kooperationsbereitschaft

(8) Begeisterung und Humor

---

[1] Meyer, Hilbert: Was ist guter Unterricht? 2. Auflage, Berlin 2004, S. 47.

Beeinflusst wird das Klima durch viele verschiedene Faktoren, wie die Individualität der Lehrkraft und der Schüler, vom pädagogischen Standpunkt der Schule, vom Schulumfeld u. a. Die aufgeführten Dimensionen lernförderlichen Klimas sollen nun näher erläutert werden. Die Reihenfolge der Dimensionen hat keinerlei Bedeutung oder Wertung.

2.1 Gegenseitiger Respekt

Abgeleitet von dem lateinischen Wort „respicere" kann Respekt soviel wie „etwas überdenken, beachten, etwas berücksichtigen" bedeuten. Das beinhaltet vor allem einen geistigen Prozess, in dem man einen anderen Menschen in seiner Person achtet. Wahrnehmen lässt sich Respekt am ehesten an der gegenseitigen Höflichkeit. Spricht man in einem angemessenen Umgangston mit dem Gegenüber, erweist man ihm den nötigen Respekt.

Sucht man nach einem Antonym für Respekt stößt man auf die Demütigung. Auch dieses Verhalten tritt in Unterrichtssituationen auf und erschwert manchem Schüler den Alltag. Hierbei achtet man den Gegenüber nicht und wahrt auch nicht dessen Würde.

Es steht also fest, dass Respekt gegenüber dem Lehrer und dem Schüler und unter den Schülern einen sehr hohen Stellenwert im Unterrichtsklima darstellt, da hierbei eine gegenseitige Achtung im Gespräch erzielt wird. Diese Achtung hilft jeder und jedem überzeugt und mutig in den Unterricht zu gehen.[2]

2.2 Einhaltung der Regeln

Regeln sind für Schüler, wie für Lehrer von enormer Bedeutung. Schülerinnen und Schüler benötigen gesunde Strukturen, Richtlinien und Grenzen um sich weiterentwickeln und entfalten zu können. Klare, gerechte und widerspruchsfreie Regeln sind daher unbedingt von Nöten.[3] Stellt ein Lehrer mit seinen Schülern einen klaren Regelkatalog für das tägliche Zusammenarbeiten auf, so sollte dies zu einer angenehmen Arbeitsbeziehung zwischen allen Beteiligten führen. Wichtig ist dabei noch, dass jeder diese Regeln einhält und verlässlich damit umgeht. Werden alle Regeln von allen eingehalten, so wirkt sich das förderlich auf die Unterrichtsergebnisse und auch auf das Klima aus. Sowohl Schüler als auch Lehrer haben ihre Auflagen, an die sich jeder halten muss, wenn alle gleichberechtigt behandelt werden wollen.

---

[2] Meyer, Hilbert: Was ist guter Unterricht? 2. Auflage, Berlin 2004, S. 47.
[3] http://www.uni-potsdam.de/fileadmin/projects/erziehungswissenschaft/documents/studium/Textboerse/pdf-Dateien/buelter_lernfoerderlichesKlima.pdf S. 3

Aber auch das Brechen der Regeln gehört hierbei zum Prozess des Lernens dazu, denn so lernen manche Schüler die Fehler zu erkennen. Gegenseitiger Respekt stellt im Klassenzimmer eine der wichtigsten Grundregeln dar, um miteinander kommunizieren und lernen zu können.[4]

Falls klare Regeln im Elternhaus fehlen, so stellt die Schule hierbei auch einen Ort des Lernens von sozialen Verhaltensweisen dar. Auch sollte die Schule für ihre Kinder einen sicheren, geschützten Ort darstellen, in dem sich die Lernenden wohlfühlen und ihre eigene Identität finden können. Hierfür sind z. B. demokratische Rituale, wie Brainstorming oder Gesprächsball von großer Bedeutung für das Einfühlen in eine demokratische Gesellschaft, die von Regeln durchwachsen ist.[5]

2.3 Verantwortungsübernahme

Wenn Unterricht so gut wie möglich gestaltet werden soll, so ist die Gemeinschaft und der Zusammenhalt in ihr ein wichtiger Pfeiler. Lernen ist immer auch auf Gemeinschaft angewiesen. Somit ist es dringend notwendig, dass Schüler untereinander Verantwortung füreinander übernehmen und sich für das Vorankommen des anderen einsetzen. Schwächere Schüler zu unterstützen, um den gesamten Klassenverband über Wasser zu halten, stellt ihr eine von vielen Möglichkeiten der Verantwortungsübernahme dar.[6]

2.4 Gerechtigkeit

Gerechtigkeit ist ein immer wieder formulierter und berechtigter Anspruch von Schülerinnen und Schülern. Ziel muss deshalb sein, alle Schüler bei der Integration in die Schule oder in der Klasse, im Unterrichtsgeschehen und außerhalb von diesem gerecht zu behandeln. Hierbei muss Raum sein für das Reflektieren von Erfahrungen und die Möglichkeit Forderungen zu widersprechen. Gerechtigkeit stellt ebenso einen hohen Wert dar, wie die einzuhaltenden Regeln, Schülerinnen und Schüler sollen lernen, diese Werte im späteren Leben selbst einzusetzen und für sie einzustehen.[7]

---

[4] Meyer, Hilbert: Was ist guter Unterricht? 2. Auflage, Berlin 2004, S. 47 f.
[5] http://www.uni-potsdam.de/fileadmin/projects/erziehungswissenschaft/documents/studium/Textboerse/pdf-Dateien/buelter_lernfoerderlichesKlima.pdf S. 3
[6] Meyer, Hilbert: Was ist guter Unterricht? 2. Auflage, Berlin 2004, S. 48.
[7] http://www.uni-potsdam.de/fileadmin/projects/erziehungswissenschaft/documents/studium/Textboerse/pdf-Dateien/buelter_lernfoerderlichesKlima.pdf S. 3

2.5 Fürsorge

„Fürsorge erwächst aus der erzieherischen Verantwortung für das Werden der anvertrauten Menschen als einmalige Individuen."[8] Durch die Bejahung eines jeden Individuums, seiner Herkunft, Religion, Talente usw. lernen Schüler und Lehrer nicht nur die Verschiedenheit des Gegenübers kennen, sondern auch selbst verschieden zu sein.

In der Fürsorge findet sich die Verantwortungsübernahme wieder. Ein hilfsbereiter und kameradschaftlicher Umgang der Schüler untereinander und ein umsichtiger Unterricht vom Lehrer zeichnen die Fürsorge im Klassenklima aus. Dies alles hilft, damit sich alle im Schulalltag wohl- und verstanden fühlen. Fürsorge beginnt dort, wo die Lebensprobleme der Schüler die Lernbereitschaft berühren, behindern oder blockieren. Hier ist es nicht nur Aufgabe des Lehrers, sich um den betreffenden Schüler zu kümmern. Da dies auch außerhalb des Klassenzimmers geschieht, kann, sobald weder Zeit noch Kraft oder Liebe in ausreichendem Maße vorhanden sind, eine außenstehende Person zu Hilfe geholt werden. Hierbei muss der Lehrer ehrlich zu sich selbst und den Schüler sein, damit die Fürsorge richtig angewandt und verarbeitet werden kann.

2.6. Selbstachtung

Es ist wohl jedem Lehrer und jedem Lehramtsanwärter spätestens nach der ersten eigenen Unterrichtsstunde klar: Unterrichten und Erziehen verlangt einem Lehrer enorm viel ab. Oftmals wird dann vergessen, dass ein Lehrer sich auch um sich selbst kümmern muss. Entspannungen, Freizeitaktivitäten, Interessen nachgehen, persönliche und fachliche Weiterbildung sind unumgängliche und vor allem wichtige Faktoren, damit ein Lehrer nicht irgendwann ausbrennt. Erst dann ist es ihm möglich, sich auch gut um seine Schülerinnen und Schüler zu kümmern. Damit sich jeder Lehrer wohlfühlt, muss er positiv zu sich selbst stehen, mit sich selber Geduld haben, selbstkritisch sein und sich selbst Fehler verzeihen können.

„Menschen, die sich von ihren eigenen Hemmnissen und Ängsten befreien, befreien damit unwillkürlich andere."[9]

---

[8] Ebd. S. 3.
[9] http://www.uni-potsdam.de/fileadmin/projects/erziehungswissenschaft/documents/studium/Textboerse/pdf-Dateien/buelter_lernfoerderlichesKlima.pdf S. 1

2.7 Kooperationsbereitschaft

„Kooperation umschreibt die Zusammenarbeit mehrerer Personen oder Gruppen mit unterschiedlichen Teilaufgaben zur Erreichung eines gemeinsamen Ziels."[10] Da Lehrer in einer Schule immer ein wichtiger Teil eines Ganzen sind, beeinflussen sie auch die ganze Schule sowohl positiv als auch negativ. Voraussetzung zur Kooperation sind Selbstachtung, wechselseitiger Respekt, Konfliktfähigkeit und Bereitschaft zum gegenseitigen Lernen voneinander und miteinander.

2.8. Begeisterung und Humor

Eine weitere wichtige Dimension lernförderlichen Klimas stellt die Begeisterung dar. Jeder hat wohl schon Erfahrungen mit Lehrkräften gemacht, die einen begeistert haben. Sei es in der Schule oder in weiterbildenden Einrichtungen: Professoren, Dozenten oder Lehrer, die einem Schüler den Stoff begeistert und überzeugt vermitteln, werden mit mehr Begeisterung besucht, ihre Stunden werden interessierter verfolgt. Die Leidenschaft für das eigene Unterrichtsfach steckt Schüler an. Als Lehrer hat man so die Möglichkeit eine Art Feuer in den Lernenden zu entfachen, was sie dann auf ihr eigenes Leben übertragen und mitnehmen können.

Auch der Humor kann machtvoll im Unterricht sein und das Klima verbessern. Wichtig ist hierbei ein der Persönlichkeit angemessener Einsatz des Humors.[11]

„Wer sich selbst nicht zum Besten halten kann, ist gewiss nicht von den Besten." Goethe

Wenn ein Lehrer die Fähigkeit besitzt, auch über Streiche im Unterricht hinwegzusehen und über sich selbst lachen kann, so erspart ihm das viel Ärger und Unruhe in der Klasse.

All diese Dimensionen lernförderlichen Klimas ergänzen sich gegenseitig und bauen aufeinander auf. Auch Widersprüche zwischen den Dimensionen können auftreten, wenn z. B. die Fürsorge und die kollektive Gerechtigkeit miteinander konkurrieren. Solche oder ähnliche Widersprüche können keineswegs beseitigt, sondern nur ausbalanciert werden.[12]

---

[10] http://www.uni-potsdam.de/fileadmin/projects/erziehungswissenschaft/documents/studium/Textboerse/pdf-Dateien/buelter_lernfoerderlichesKlima.pdf S. 3.
[11] Ebd. S. 3.
[12] Ebd. S. 4.

3. Über die Macht des Lehrers

Die Lehrperson hat jeden Tag aufs Neue unzählige Male die Wahl zwischen Wertschätzung und Achtung oder Demütigung; zwischen Bejahung oder Entwürdigung. Diese Macht, die jeder Lehrer einfach hat, befähigt diesen auch dazu, Obhut zu geben. Schülerinnen und Schüler, die sich respektiert und in Obhut fühlen, können sich entfalten, ausprobieren und eine eigene Persönlichkeit entwickeln. Nur so können aus ihnen eigenständig denkende Erwachsene werden, die ihr Verhalten reflektieren und einschätzen können. Wichtig ist dafür aber vor allem auch das Ansprechen von störendem Verhalten. Als Lehrer hat man dann wieder die Macht, auf eine Veränderung bei dem betreffenden Schüler einzuwirken. Das eigene Einfühlungsvermögen der Lehrperson wird hierbei gefordert.

Sich der eigenen Macht bewusst sein und diese nun mal durch Schulstrukturen, wie Noten, Zeugnisse, Versetzungen und Disziplinierungen, vorgegebene Macht bestmöglich für die Schüler einzusetzen, ist eine wichtige Aufgabe des Lehrers.[13]

4. Fazit

Solange ein positiv wahrgenommenes Lernklima in der Klasse herrscht, können die beteiligten Schüler ihre Fähigkeiten und Interessen besser entfalten und dadurch zu besseren kognitiven, methodischen und sozialen Lernergebnissen kommen. Besonders angewiesen auf ein lernförderliches Klima sind lernschwächere und jüngere Schüler, sie können hierbei auf die Hilfe der anderen vertrauen und eigene Schwächen hinter sich lassen.

Gegenseitiger Respekt, Einhaltung der Regeln, Verantwortungsübernahme, Gerechtigkeit, Fürsorge, Selbstachtung, Kooperationsbereitschaft und Begeisterung stellen die Dimensionen lernförderlichen Klimas dar. Diese können helfen, das wahrgenommene Klima in einer Klasse positiv zu beeinflussen und so die Freude am Lernen und Mitmachen zu wecken. Die Einstellungen der Schüler zum Unterricht, das Sozialverhalten in der Klasse, das Interesse am Stoff und auch das Selbstvertrauen der Schüler können dadurch positiv beeinflusst werden

Zwar ist ein gutes Klima keine Grundvoraussetzung für das Gelingen von Unterricht, dennoch hat es eine lernfördernde Wirkung auch auf andere Aspekte guten Unterrichts.

Was kann ein Lehrer also tun?

Durch seine Persönlichkeit und seine Haltung gegenüber den Lernenden und den zu vermittelnden Inhalten hat jeder Lehrer die Möglichkeit das Unterrichtsklima in hohem Maße zu

---

[13] http://www.uni-potsdam.de/fileadmin/projects/erziehungswissenschaft/documents/studium/Textboerse/pdf-Dateien/buelter_lernfoerderlichesKlima.pdf S. 3.

beeinflussen. Auch wenn die Schülerinnen und Schüler nicht mitspielen wollen, ist das Schiff noch nicht am Sinken. Besondere Maßnahmen des Unterrichtsmanagements können das Klima stabilisieren, wie z. B. die Verteilung und Übernahme von Klassenämtern um Verantwortung zu verteilen; der Ausbau der Mitbestimmung durch Mitsprache bei der Klassensprecherwahl, Sitzordnung usw.

Antoine de Saint Exupery prägte den Satz:

»Willst du ein Schiff bauen, so rufe nicht die Menschen zusammen, um Pläne zu machen, Arbeit zu verteilen, Werkzeuge zu holen und Holz zu schlagen, sondern lehre sie die Sehnsucht nach dem großen endlosen Meer.«

Dieses Zitat bringt deutlich hervor, dass es vielleicht keinen Masterplan für lernfreundliches Klima gibt, dennoch kann der Lehrer hier eine Menge an Begeisterung und Verlangen nach mehr Wissen bei den Schülern entfachen.

Literaturverzeichnis

Bülter Helmut, Meyer Hilbert:

http://www.uni-potsdam.de/fileadmin/projects/erziehungswissenschaft/documents/studium/Textboerse/pdf-Dateien/buelter_lernfoerderlichesKlima.pdf (Zugriff 13.12.2011, 13:40Uhr)

Meyer Hilbert: Was ist guter Unterricht? 2. Auflage, Berlin 2004.